# The Street That Knew Too Much: Short Stories for Norwegian Language Learners

Artici Bilingual Books

Published by Artici Bilingual Books, 2024.

While every precaution has been taken in the preparation of this book, the publisher assumes no responsibility for errors or omissions, or for damages resulting from the use of the information contained herein.

THE STREET THAT KNEW TOO MUCH: SHORT STORIES FOR NORWEGIAN LANGUAGE LEARNERS

**First edition. February 28, 2024.**

Copyright © 2024 Artici Bilingual Books.

ISBN: 979-8224824670

Written by Artici Bilingual Books.

# Table of Contents


Eventyret om den glemsomme reiselederen ...................................................... 1

The Tale of the Forgetful Tour Guide ................................................................ 3

Kaféen på hjørnet: En historie om vennskap og små gleder ...................... 5

The Corner Café: A Tale of Friendship and Small Joys ........................... 9

Den uventede arven: En fortelling om familiehemmeligheter .............. 13

The Unexpected Inheritance: A Story of Family Secrets ....................... 17

Gaten som visste for mye ..................................................................... 21

The Street That Knew Too Much ....................................................... 25

Teppet som ga drømmer ....................................................................... 29

The Rug That Gave Dreams ................................................................. 33

Bakerens hemmelighet: En fortelling om kjærlighet og kanelboller ..... 37

The Baker's Secret: A Story of Love and Cinnamon Rolls .................... 41

På sporet av den tapte tiden ................................................................. 45

On the Trail of Lost Time .................................................................... 49

Kvinnen på benken: En fortelling om tilfeldige møter ...................... 53

The Woman on the Bench: A Tale of Chance Encounters .................... 55

Mysteriet på Gårdshuset ....................................................................... 57

The Mystery at the Farmhouse ............................................................ 59

Zebrahjertet ......................................................................................... 61

The Zebra's Heart ................................................................................ 63

Intrigene på Innsjøen ........................................................................... 65

Intrigues on the Lake ........................................................................... 69

Hviskinger i Vinden ............................................................................. 73

Whispers in the Wind .......................................................................... 75

# Eventyret om den glemsomme reiselederen

Det var en gang en liten by ved foten av de majestetiske fjellene, hvor tiden syntes å gå i sitt eget rolige tempo. I denne byen, der historier fløt som elven som slynget seg gjennom gatene, fantes det en reisebyrå kalt "Eventyrlystne reiser". Dets eier, fru Hansen, var kjent for å være den beste reiselederen i hele dalen. Hennes kunnskap om lokale skatter og hennes energiske natur gjorde henne til en favoritt blant turistene som besøkte byen.

Men en dag, da en gruppe eventyrlystne reisende samlet seg utenfor byrået for å begynne på en spennende fjelltur, var det noe som ikke stemte. Fru Hansen, den vanligvis så livlige og organiserte reiselederen, virket å være litt distrahert.

"Er alt i orden, fru Hansen?" spurte en bekymret turist.

Fru Hansen smilte og forsikret dem om at alt var i orden, men i sitt stille sinn var hun fullstendig klar over at hun hadde glemt kartet over fjellstiene hjemme. Med en nervøs latter ledet hun gruppen av reisende oppover stien, i håp om at hennes minne ville vende tilbake når de nærmet seg fjelltoppen.

Mens de vandret gjennom skoger og over bekker, begynte fru Hansen å merke seg landemerker hun hadde glemt hun kjente. Hun gjenkjente en stein med et spesielt mønster, en gammel furu med et vridd tre, og til og med en liten foss som bruste i bakgrunnen. Disse kjente stedene ga henne håp om at hun ville finne veien tilbake til byen.

Men da de nådde toppen av fjellet og utsikten strakte seg utover dalen, innså fru Hansen at hun virkelig hadde glemt veien. Turistene begynte å bli bekymret, og noen begynte å murre irritert.

I det øyeblikket steg det opp en mystisk tåke fra dalen nedenfor, og fru Hansen visste at de trengte hjelp. Med et nølende hjerte ba hun de reisende om å følge henne nedover fjellet, uten en anelse om hvor de ville ende opp.

Mens de vandret gjennom tåken, begynte det å skje merkelige ting. Trærne hvisket hemmeligheter til dem, og fuglene sang sanger fra en fjern tid. Det var som om naturen selv prøvde å veilede dem hjem.

Etter en stund kom de til en liten lysning i skogen, hvor en gammel hytte stod, omsluttet av ville blomster og vintervisne busker. På trappen til hytta satt det en eldre kvinne med vennlige øyne og et lurt smil.

"Velkommen, eventyrere," sa kvinnen med en stemme som hvisket gjennom tåken. "Jeg har ventet på dere."

Fru Hansen og de andre turistene var forbauset over å finne noen i denne avsidesliggende delen av fjellet. Kvinnen inviterte dem inn i hytta, hvor en varm peis ventet dem, sammen med rykende varm te og deilig kake.

"Jeg vet hvor dere ønsker å dra," sa kvinnen, mens hun rørte i teen med en spesiell ro. "Men veien hjem er ikke alltid den veien dere forventer."

Fru Hansen lyttet nøye til kvinnens ord, og snart innså hun at det var ikke veien hun hadde glemt som var viktig, men den hun oppdaget underveis. Med et takknemlig hjerte takket hun kvinnen for hennes visdom og veiledning.

Da de forlot hytta og fortsatte nedover stien, begynte tåken å lette, og solen brøt gjennom skyene, og førte dem tilbake til byen de hadde forlatt.

Og selv om fru Hansen aldri ville glemme den dagen hun mistet veien, visste hun nå at det var veien hun fant som virkelig betydde noe.

Og fra den dagen av, da fru Hansen ledet turer gjennom de majestetiske fjellene, husket hun alltid å lytte til hjertet sitt og de visdomsordene hun hadde lært fra den glemsomme reiselederen. For eventyret var ikke alltid å finne veien, men å finne veien tilbake til seg selv.

# The Tale of the Forgetful Tour Guide

Once upon a time, there was a small town nestled at the foot of majestic mountains, where time seemed to flow at its own leisurely pace. In this town, where stories flowed like the river winding through the streets, there existed a travel agency called "Adventurous Travels." Its owner, Mrs. Hansen, was known to be the best tour guide in the entire valley. Her knowledge of local treasures and her energetic nature made her a favorite among the tourists visiting the town.

But one day, as a group of adventurous travelers gathered outside the agency to embark on an exciting mountain hike, something seemed amiss. Mrs. Hansen, usually so lively and organized, appeared to be somewhat distracted.

"Is everything alright, Mrs. Hansen?" asked a concerned tourist.

Mrs. Hansen smiled and reassured them that everything was fine, but deep down, she was fully aware that she had forgotten the map of the mountain trails at home. With a nervous laugh, she led the group of travelers up the trail, hoping that her memory would return as they neared the mountain top.

As they wandered through forests and across streams, Mrs. Hansen began to recognize landmarks she had forgotten she knew. She recognized a stone with a special pattern, an old pine with a twisted trunk, and even a small waterfall murmuring in the background. These familiar sights gave her hope that she would find her way back to town.

But when they reached the summit of the mountain and the view stretched out over the valley, Mrs. Hansen realized that she truly had forgotten the way. The tourists began to grow anxious, and some started to grumble irritably.

At that moment, a mysterious fog rose from the valley below, and Mrs. Hansen knew they needed help. With a hesitant heart, she asked the travelers to follow her down the mountain, with no clue as to where they would end up.

As they wandered through the fog, strange things began to happen. The trees whispered secrets to them, and the birds sang songs from a distant time. It was as if nature itself was trying to guide them home.

After a while, they came to a small clearing in the forest, where an old cabin stood, surrounded by wildflowers and winter-withered bushes. Sitting on the steps of the cabin was an elderly woman with kind eyes and a mischievous smile.

"Welcome, adventurers," said the woman, her voice whispering through the fog. "I have been expecting you."

Mrs. Hansen and the other tourists were amazed to find someone in this remote part of the mountain. The woman invited them into the cabin, where a warm fireplace awaited them, along with steaming hot tea and delicious cake.

"I know where you wish to go," said the woman, stirring the tea with a special calmness. "But the way home is not always the way you expect."

Mrs. Hansen listened carefully to the woman's words, and soon she realized that it was not the way she had forgotten that mattered, but the one she discovered along the way. With a grateful heart, she thanked the woman for her wisdom and guidance.

As they left the cabin and continued down the trail, the fog began to lift, and the sun broke through the clouds, leading them back to the town they had left behind. And although Mrs. Hansen would never forget the day she lost her way, she now knew that it was the path she found that truly mattered.

And from that day on, as Mrs. Hansen led tours through the majestic mountains, she always remembered to listen to her heart and the words of wisdom she had learned from the forgetful tour guide. For the adventure was not always about finding the way, but finding the way back to oneself.

# Kaféen på hjørnet: En historie om vennskap og små gleder

I den lille byen ved navn Solhavn lå det en kafé, gjemt bort i et rolig hjørne ved hovedgaten. Kaféen het "Solstrålen", og den var ikke bare et sted hvor man kunne få seg en god kopp kaffe eller nyte en hjemmelaget kake, men det var også et sted hvor vennskap blomstret og små gleder ble funnet i hverdagen.

Eieren av kaféen var fru Larsen, en varm og hjelpsom kvinne med et smil som kunne lyse opp den gråeste dag. Hun hadde drevet kaféen i mange år og hadde fått et rykte på seg for å være den beste vertinnen i hele byen. Hennes kunder kom ikke bare for den gode maten og drikken, men også for den varme velkomsten og de hyggelige samtalene.

En dag, mens solen skinte og fuglene sang utenfor kaféen, kom det en ny kunde inn gjennom døren. Det var en ung mann ved navn Henrik, som hadde flyttet til Solhavn bare noen uker tidligere. Han hadde hørt om "Solstrålen" fra noen av naboene sine og bestemte seg for å gi det en sjanse.

Fru Larsen hilste ham velkommen med et varmt smil og viste ham til et ledig bord ved vinduet. Henrik satte seg ned og studerte menyen, mens han tok inn den koselige atmosfæren i kaféen. Han bestilte en kopp kaffe og en skive av fru Larsens berømte eplekake, og snart var han dypt fordypet i en bok han hadde med seg.

Mens Henrik nøt kaffen sin og leste boken sin, begynte han å legge merke til de andre gjestene i kaféen. Han så et eldre par som satt ved et bord i hjørnet og lo mens de delte en stor stykke sjokoladekake. Han så en gruppe venner som diskuterte livets store spørsmål over kopper med varm te. Og han så en ung mor som trøstet sitt grätende barn med en iskremkule.

Det var noe med atmosfæren i kaféen som fikk Henrik til å føle seg hjemme. Han følte seg omgitt av vennlighet og varme, og han visste at han hadde funnet et spesielt sted han kunne komme tilbake til igjen og igjen.

Etter hvert som dagene gikk, begynte Henrik å bli en fast gjest på "Solstrålen". Han kom dit hver dag etter jobb, og han ble kjent med de andre gjestene og de ansatte. Han ble spesielt gode venner med fru Larsen, som alltid tok seg tid til å snakke med ham og lytte til ham.

En dag, mens Henrik satt ved sitt vanlige bord og nøt en kopp kaffe, kom det en eldre kvinne inn gjennom døren. Hun så seg rundt i kaféen med et forvirret uttrykk og virket litt usikker på hvor hun skulle gå. Henrik så at hun lette etter et ledig bord, så han reiste seg opp og tilbød henne sin egen plass ved vinduet.

Kvinnen takket ham smilende og satte seg ned ved bordet. Hun presenterte seg som fru Jensen, og hun fortalte Henrik at hun hadde bodd i Solhavn hele livet sitt, men at hun aldri hadde besøkt "Solstrålen" før.

Henrik ble overrasket over dette, og han inviterte henne til å bli med ham ved bordet sitt. Fru Larsen hilste henne velkommen med et varmt smil og serverte henne en kopp te og en nystekt bolle. Snart begynte fru Jensen å slappe av og nyte den rolige atmosfæren i kaféen.

Henrik og fru Jensen snakket og lo sammen, og de fant ut at de hadde mye til felles. De delte historier fra sine liv og drømmer for fremtiden. Fru Jensen fortalte Henrik om alle de tingene hun aldri hadde gjort i livet sitt, og Henrik begynte å få en idé.

Han visste hvor mye kaféen betydde for ham og de andre gjestene, og han visste at han ville gjøre noe spesielt for å feire vennskapet og de små gledene i livet. Så han bestemte seg for å organisere en spesiell begivenhet på "Solstrålen" for å markere den.

Henrik snakket med fru Larsen og de andre ansatte på kaféen, og sammen planla de en stor fest for alle gjestene. De skulle ha musikk, dans og selvfølgelig en overflod av mat og drikke. Henrik inviterte alle han kjente i Solhavn, og snart var det en buzz i byen om den kommende festen på "Solstrålen".

På den store dagen ble kaféen fylt til randen med glade gjester, alle klare til å feire vennskapet og de små gledene i livet. Musikk strømmet gjennom høyttalerne, og folk danset og lo sammen. Det var en magisk atmosfære som fylte rommet, og Henrik følte seg dypt takknemlig for å være en del av det.

Mens festen pågikk, tok Henrik et øyeblikk for å se seg rundt i kaféen. Han så fru Larsen som danset med et smil om munnen, og han så fru Jensen som lo og snakket med nye venner. Han så også alle de andre gjestene som delte historier og skapte minner sammen.

Det var da Henrik innså hvor mye kaféen på hjørnet virkelig betydde for alle i Solhavn. Det var ikke bare et sted hvor man kunne få seg en god kopp kaffe eller nyte en hjemmelaget kake, men det var også et sted hvor vennskap ble dyrket og små gleder ble funnet i hverdagen.

Og selv om han visste at han kanskje ikke kunne forandre verden, visste Henrik at han kunne gjøre en forskjell ved å skape et sted hvor folk kunne føle seg velkomne og elsket. For i kaféen på hjørnet fant han ikke bare en kopp kaffe, men også et hjem og en familie.

# The Corner Café: A Tale of Friendship and Small Joys

In the small town of Solhavn, there was a café tucked away in a quiet corner of the main street. The café was called "Sunbeam," and it was not just a place to get a good cup of coffee or enjoy a homemade cake, but it was also a place where friendships flourished and small joys were found in everyday life.

The owner of the café was Mrs. Larsen, a warm and helpful woman with a smile that could brighten even the grayest day. She had run the café for many years and had gained a reputation for being the best hostess in the entire town. Her customers didn't just come for the good food and drinks, but also for the warm welcome and pleasant conversations.

One day, while the sun was shining and the birds were singing outside the café, a new customer came through the door. It was a young man named Henrik, who had moved to Solhavn just a few weeks earlier. He had heard about "Sunbeam" from some of his neighbors and decided to give it a try.

Mrs. Larsen welcomed him with a warm smile and showed him to an available table by the window. Henrik sat down and studied the menu, taking in the cozy atmosphere of the café. He ordered a cup of coffee and a slice of Mrs. Larsen's famous apple pie, and soon he was deeply engrossed in a book he had brought with him.

As Henrik enjoyed his coffee and read his book, he began to notice the other customers in the café. He saw an elderly couple sitting at a table in the corner, laughing as they shared a large piece of chocolate cake. He saw a group of friends discussing life's big questions over cups of hot tea. And he saw a young mother comforting her crying child with a scoop of ice cream.

There was something about the atmosphere of the café that made Henrik feel at home. He felt surrounded by kindness and warmth, and he knew that he had found a special place he could come back to again and again. As the days went by, Henrik became a regular guest at "Sunbeam." He would come there every day after work, and he got to know the other guests and the staff. He became particularly good friends with Mrs. Larsen, who always took the time to talk to him and listen to him.

One day, while Henrik was sitting at his usual table enjoying a cup of coffee, an elderly woman came through the door. She looked around the café with a confused expression and seemed a little unsure of where to go. Henrik noticed that she was looking for an available table, so he got up and offered her his own place by the window.

The woman thanked him with a smile and sat down at the table. She introduced herself as Mrs. Jensen, and she told Henrik that she had lived in Solhavn all her life, but she had never visited "Sunbeam" before.

Henrik was surprised by this, and he invited her to join him at his table. Mrs. Larsen welcomed her with a warm smile and served her a cup of tea and a freshly baked bun. Soon, Mrs. Jensen began to relax and enjoy the quiet atmosphere of the café.

Henrik and Mrs. Jensen talked and laughed together, and they found that they had a lot in common. They shared stories from their lives and dreams for the future. Mrs. Jensen told Henrik about all the things she had never done in her life, and Henrik began to get an idea.

He knew how much the café meant to him and the other guests, and he knew that he wanted to do something special to celebrate friendship and the small joys of life. So he decided to organize a special event at "Sunbeam" to mark the occasion.

Henrik talked to Mrs. Larsen and the other staff at the café, and together they planned a big party for all the guests. They would have music, dancing, and of course an abundance of food and drinks. Henrik invited everyone he knew in Solhavn, and soon there was a buzz in the town about the upcoming party at "Sunbeam."

On the big day, the café was filled to the brim with happy guests, all ready to celebrate friendship and the small joys of life. Music flowed through the speakers, and people danced and laughed together. There was a magical atmosphere that filled the room, and Henrik felt deeply grateful to be a part of it.

As the party went on, Henrik took a moment to look around the café. He saw Mrs. Larsen dancing with a smile on her face, and he saw Mrs. Jensen laughing and talking with new friends. He also saw all the other guests sharing stories and making memories together.

It was then that Henrik realized how much the café on the corner truly meant to everyone in Solhavn. It wasn't just a place to get a good cup of coffee or enjoy a homemade cake, but it was also a place where friendships were cultivated and small joys were found in everyday life.

And although he knew that he might not be able to change the world, Henrik knew that he could make a difference by creating a place where people could feel welcome and loved. For in the corner café, he didn't just find a cup of coffee, but also a home and a family.

# Den uventede arven: En fortelling om familiehemmeligheter

I den lille landsbyen ved navn Solro, gjemt bort blant frodige grønne enger og skyggefulle skoger, lå det en gammel herregård som bar navnet Solglimt. Denne majestetiske herregården hadde vært hjemmet til familien Solberg i generasjoner, og dens vegger bar på mange hemmeligheter og mysterier som hadde blitt overlevert fra far til sønn, fra mor til datter.

Den nåværende eieren av herregården var en mann ved navn Markus Solberg. Han var en stille og tilbaketrukket mann, som hadde viet sitt liv til å bevare familiens arv og tradisjoner. Markus hadde bodd på Solglimt siden han var en ung gutt, og han hadde alltid følt seg knyttet til det gamle huset og dets historie.

Men til tross for sin kjærlighet til herregården, hadde Markus alltid følt en følelse av uro og forventning når det gjaldt fremtiden til Solglimt. Han visste at herregården krevde mye vedlikehold og restaurering, og han hadde lenge fryktet at han en dag ikke lenger ville kunne ta vare på den slik den fortjente.

En dag, mens Markus satt ved sitt skrivebord og gjennomgikk familiens dokumenter og papirer, mottok han en uventet beskjed. Det viste seg at en fjern slektning, en kvinne ved navn Astrid Solberg, hadde gått bort og etterlatt seg et betydelig arvebeløp til Markus og familien.

Markus kunne knapt tro sine egne øyne da han leste brevet som inneholdt nyhetene. Han hadde aldri møtt Astrid Solberg personlig, men han visste at hun hadde vært en del av familien på en eller annen måte. Nå, med hennes uventede arv, hadde livet hans og fremtiden til Solglimt blitt forandret på en måte han aldri hadde forestilt seg.

Men med arven kom også spørsmål og spekulasjoner. Hvem var denne Astrid Solberg, og hvorfor hadde hun valgt å etterlate sin formue til

Markus og familien? Og viktigst av alt, hva slags hemmeligheter bar hennes liv på?

Markus bestemte seg for å finne svar på disse spørsmålene. Han begynte å grave i familiens historie og utforske slektens fortid på jakt etter ledetråder og spor som kunne avdekke sannheten om Astrid Solberg og hennes arv.

I løpet av sin undersøkelse oppdaget Markus flere interessante detaljer om Astrid Solberg og hennes liv. Det viste seg at hun hadde bodd på Solglimt som ung kvinne, men hadde forlatt herregården under mystiske omstendigheter for mange år siden. Ingen visste hva som hadde skjedd med henne etter det, og hennes spor hadde blitt tapt i tidens tåke.

Men Markus ga ikke opp håpet om å finne ut mer om Astrid Solberg og hennes arv. Han fortsatte å søke etter svar, og til slutt førte hans innsats ham til en gammel kiste som hadde blitt gjemt bort på loftet i herregården i årevis.

Da Markus åpnet kisten og begynte å gå gjennom dens innhold, oppdaget han en rekke gamle brev, dagbøker og fotografier som tilhørte Astrid Solberg. Gjennom disse gamle dokumentene fikk Markus et innblikk i Astrid's liv og de hemmelighetene hun bar på.

Det viste seg at Astrid Solberg hadde vært en eventyrlysten sjel, som hadde reist verden rundt og opplevd utallige eventyr og opplevelser. Men bak hennes fasade av eventyr lå også dype sorg og tap, som hadde formet henne til den kvinnen hun var blitt.

I tillegg til de personlige dokumentene oppdaget Markus også en gammel nøkkel som lå gjemt blant Astrids eiendeler. Nøkkelen hadde ingen merkelapper eller identifiserende merker, men Markus kunne fortelle at den var gammel og hadde blitt håndlaget av en dyktig håndverker.

Med nøkkelen i hånden visste Markus at han måtte finne ut hva den låste opp. Han undersøkte herregården nøye og til slutt oppdaget han en gammel dør som hadde blitt forseglet og glemt i mange år.

Med skjelvende hender satte Markus nøkkelen inn i låsen og dreide forsiktig om. Med et lite klikk åpnet døren seg langsomt, avslørte en mørk og støvete korridor som hadde ligget skjult under herregården i generasjoner.

Markus gikk forsiktig inn i korridoren og utforsket de dunkle gangene. Han kunne føle historiens ånde i hvert trinn han tok, og han visste at han var på randen av å avdekke en hemmelighet som hadde blitt begravd i lang tid.

Til slutt, etter å ha utforsket korridoren grundig, oppdaget Markus en gammel dør som ledet inn til et hemmelig rom. Han åpnet døren og gikk inn i det mørke rommet, og der, i midten av rommet, lå det en gammel kiste dekket av støv og spindelvev.

Med bankende hjerte gikk Markus bort til kisten og åpnet den forsiktig. Inni fant han en rekke gamle dokumenter og fotografier som avslørte en langt større hemmelighet enn han noen gang hadde forestilt seg.

Det viste seg at Astrid Solberg hadde hatt en datter, en jente som hadde blitt født i hemmelighet og vokst opp utenfor familiens kjennskap. Jenta hadde bodd på herregården i mange år som en ung kvinne, men hadde forlatt Solglimt under mystiske omstendigheter og hadde ikke blitt sett igjen på mange år.

Når Markus leste gjennom de gamle dokumentene, begynte puslespillet å falle på plass. Han innså at han nå sto overfor en oppgave som var større enn ham selv, en oppgave som ville kreve mot, tapperhet og hjelp fra de han holdt kjærest.

Med det nyoppdagede dokumentasjonen og nøklene til hemmeligheten i hånden, vendte Markus tilbake til resten av familien Solberg. Sammen bestemte de seg for å følge sporene til Astrid Solberg og hennes datter, og avsløre sannheten om familiehemmeligheten som hadde blitt bevart i generasjoner.

Den uventede arven hadde ført dem på en reise gjennom tid og rom, og selv om veien var vanskelig og utfordrende, visste Markus og familien at de ville stå sammen og kjempe for sannheten og for å bevare familiens arv.

For selv om sannheten kunne være smertefull og utfordrende, visste de at det var den eneste veien til fred og forsoning, og at det var den eneste måten å ære minnet om Astrid Solberg og hennes datter på.

På veien lærte de at familiehemmeligheter kunne være både velsignelser og forbannelser, men at det var måten de håndterte dem på som ville definere deres skjebne og forme deres fremtid. Og selv om reisen var uventet og utfordrende, visste de at de var sterke nok til å overvinne enhver hindring og avsløre sannheten til slutt.

# The Unexpected Inheritance: A Story of Family Secrets

In the small village named Solro, hidden among lush green meadows and shady forests, stood an old mansion named Sunbeam Manor. This majestic mansion had been the home of the Solberg family for generations, and its walls held many secrets and mysteries that had been passed down from father to son, from mother to daughter.

The current owner of the mansion was a man named Markus Solberg. He was a quiet and reserved man, who had dedicated his life to preserving the family's heritage and traditions. Markus had lived at Sunbeam Manor since he was a young boy, and he had always felt connected to the old house and its history.

But despite his love for the mansion, Markus had always felt a sense of unease and anticipation when it came to the future of Sunbeam Manor. He knew that the mansion required a lot of maintenance and restoration, and he had long feared that one day he would no longer be able to take care of it as it deserved.

One day, while Markus was sitting at his desk reviewing the family's documents and papers, he received an unexpected message. It turned out that a distant relative, a woman named Astrid Solberg, had passed away and left a significant inheritance to Markus and the family.

Markus could scarcely believe his own eyes as he read the letter containing the news. He had never met Astrid Solberg in person, but he knew that she had been a part of the family in some way. Now, with her unexpected inheritance, his life and the future of Sunbeam Manor had been changed in a way he had never imagined.

But with the inheritance also came questions and speculations. Who was this Astrid Solberg, and why had she chosen to leave her fortune to

Markus and the family? And most importantly, what kind of secrets did her life hold?

Markus decided to find answers to these questions. He began to delve into the family's history and explore the past of the Solberg lineage in search of clues and traces that could uncover the truth about Astrid Solberg and her inheritance.

During his investigation, Markus discovered several interesting details about Astrid Solberg and her life. It turned out that she had lived at Sunbeam Manor as a young woman, but had left the mansion under mysterious circumstances many years ago. No one knew what had happened to her after that, and her tracks had been lost in the mists of time.

But Markus did not give up hope of finding out more about Astrid Solberg and her inheritance. He continued to search for answers, and eventually his efforts led him to an old chest that had been hidden away in the attic of the mansion for years.

As Markus opened the chest and began to go through its contents, he discovered a series of old letters, diaries, and photographs belonging to Astrid Solberg. Through these old documents, Markus gained insight into Astrid's life and the secrets she carried.

It turned out that Astrid Solberg had been an adventurous soul, who had traveled the world and experienced countless adventures and experiences. But behind her facade of adventure lay also deep sorrow and loss, which had shaped her into the woman she had become.

In addition to the personal documents, Markus also discovered an old key hidden among Astrid's belongings. The key had no labels or identifying marks, but Markus could tell that it was old and had been handcrafted by a skilled artisan.

With the key in hand, Markus knew that he had to find out what it unlocked. He searched the mansion carefully, and eventually discovered an old door that had been sealed and forgotten for many years.

With trembling hands, Markus inserted the key into the lock and turned it gently. With a small click, the door opened slowly, revealing a dark and dusty corridor that had been hidden under the mansion for generations. Markus stepped cautiously into the corridor and explored the dimly lit passageways. He could feel the breath of history in every step he took, and he knew that he was on the brink of uncovering a secret that had been buried for a long time.

Finally, after exploring the corridor thoroughly, Markus discovered an old door leading into a secret room. He opened the door and stepped into the dark room, and there, in the middle of the room, lay an old chest covered in dust and cobwebs.

With a pounding heart, Markus approached the chest and opened it carefully. Inside, he found a series of old documents and photographs that revealed a much greater secret than he had ever imagined.

It turned out that Astrid Solberg had had a daughter, a girl who had been born in secret and grown up outside the family's knowledge. The girl had lived at the mansion for many years as a young woman, but had left Sunbeam Manor under mysterious circumstances and had not been seen again for many years.

As Markus read through the old documents, the puzzle began to fall into place. He realized that he now faced a task that was greater than himself, a task that would require courage, bravery, and help from those he held dear.

With the newly discovered documentation and the keys to the secret in hand, Markus returned to the rest of the Solberg family. Together, they decided to follow the traces of Astrid Solberg and her daughter, and reveal the truth about the family secret that had been preserved for generations.

The unexpected inheritance had led them on a journey through time and space, and although the road was difficult and challenging, Markus and the family knew that they would stand together and fight for the truth and to preserve the family's heritage.

For even though the truth could be painful and challenging, they knew that it was the only path to peace and reconciliation, and that it was the only way to honor the memory of Astrid Solberg and her daughter.

Along the way, they learned that family secrets could be both blessings and curses, but that it was the way they handled them that would define their destiny and shape their future. And although the journey was unexpected and challenging, they knew that they were strong enough to overcome any obstacle and reveal the truth in the end.

# Gaten som visste for mye

I den travle byen Oslo, der skyskrapere rager mot himmelen og gatene summer av aktivitet døgnet rundt, fantes det en gate som skillte seg ut fra de andre. Denne gaten, kalt Viskedalen, hadde et rykte på seg for å være en gate som visste for mye – en gate som kunne fortelle historier om menneskene som gikk gjennom den, om livet deres, og til og med om deres innerste hemmeligheter.

Viskedalen var en smal gate som slynget seg gjennom byen, flankert av høye bygninger og trær som strakte seg mot himmelen. På dagtid var gaten fylt med mennesker som hastet forbi, på vei til jobb, skole eller andre ærend. Men når natten falt på, og gatelyktene ble tent, ble Viskedalen forvandlet til et helt annet sted – et sted der mysterier lurte i skyggene og eventyr ventet rundt hvert hjørne.

En kveld, mens månen kastet sitt bleke lys over byen og vinden suset gjennom trærne, skjedde det noe uventet i Viskedalen. En ung kvinne ved navn Anna, som hadde bodd i byen hele sitt liv, bestemte seg for å ta en spasertur gjennom den gamle gaten. Hun hadde hørt rykter om Viskedalen og dens mystiske egenskaper, og hun kunne ikke motstå fristelsen til å utforske den selv.

Anna gikk langsomt nedover den stille gaten, og hun kunne føle en merkelig følelse av forventning og spenning bygge seg opp inni henne. Hun visste ikke hva hun forventet å finne der, men hun kunne ikke la være å føle at det var noe spesielt med Viskedalen – noe som ventet på å bli oppdaget.

Mens hun gikk, begynte Anna å legge merke til de små detaljene rundt seg. Hun så de fargerike butikkvinduene som lyste opp gaten, og hun hørte lyden av musikk og latter som strømmet ut fra de mange restaurantene og kafeene som lå langs veien. Men det var noe annet som fanget oppmerksomheten hennes – noe som lurte i skyggene og ventet på å bli avslørt.

Plutselig, mens Anna gikk forbi en gammel gatekunstner som malte et vakkert bilde på fortauet, hørte hun en stemme hviske til henne fra skyggene. Det var en myk og lokkende stemme som ba henne om å følge den, og Anna kunne ikke motstå fristelsen til å lytte.

Hun fulgte stemmen inn i en smal bakgate, der skyggene lå tykke og tette mellom de gamle mursteinshusene. Og der, midt i skyggene, oppdaget Anna en gammel bok liggende på bakken – en bok som så ut til å være glemt av tidens gang.

Med hjertet hamrende i brystet, plukket Anna opp boken og begynte å bla gjennom sidene. Det viste seg å være en gammel dagbok, skrevet av en ukjent forfatter mange år tidligere. Dagboken inneholdt historier om livet i Viskedalen, om menneskene som hadde bodd der, og til og med om deres innerste hemmeligheter.

Anna kunne knapt tro sine egne øyne da hun leste gjennom dagboken. Hun ble sugd inn i historiene og eventyrene som ble fortalt på sidene, og hun kunne føle at hun var på vei inn i en helt ny verden – en verden der alt var mulig, og ingenting var som det så ut til.

Som natten gikk, fortsatte Anna å utforske Viskedalen og oppdage nye mysterier og eventyr rundt hvert hjørne. Hun møtte en gammel bokhandler som fortalte henne historier om gatens fortid, og en ung gateartist som malte fargerike bilder på veggene. Hun møtte til og med en mystisk fremmed som snakket i gåter og løfter om skatter som lå skjult i Viskedalens dypeste hemmeligheter.

Men det var én ting som fanget oppmerksomheten hennes mer enn noe annet – en gammel port som hadde blitt stengt og forseglet i mange år. Ingen visste hva som lå bak porten, men ryktene sa at den ledet til et magisk rike fylt med skatter og eventyr som ventet på å bli oppdaget.

Med et hjerte fylt av spenning og nysgjerrighet, bestemte Anna seg for å finne ut hva som lå bak porten. Hun samlet sammen motet sitt og dro ut på en reise gjennom Viskedalen, på jakt etter ledetråder og spor som kunne lede henne til sannheten.

På veien møtte hun en rekke fargerike karakterer og opplevde utallige eventyr og utfordringer. Hun ble venner med gatekunstneren og bokhandleren, og sammen utforsket de de skjulte krokene og krikerne i Viskedalen.

Til slutt, etter å ha fulgt ledetrådene til den mystiske fremmede og løst utallige gåter og gåter, kom Anna endelig til porten som hadde blitt stengt og forseglet i så mange år. Med bankende hjerte åpnet hun porten og gikk inn i det magiske riket som lå skjult bak.

Der, i hjertet av Viskedalen, oppdaget Anna en verden av skatter og eventyr som hun aldri hadde forestilt seg. Hun fant gull og juveler, magiske artefakter og skatter som hadde blitt glemt av tidens gang. Og viktigst av alt oppdaget hun en sannhet som hadde ligget skjult i Viskedalen i generasjoner – en sannhet som kunne forandre livene til alle som bodde der for alltid.

Med sitt nye funn i hånden, vendte Anna tilbake til den travle byen Oslo, og hun visste at hennes eventyr i Viskedalen ikke var over ennå. For selv om hun hadde funnet skattene og oppdaget sannheten, visste hun at det var mange flere mysterier å utforske og eventyr å oppleve i den mystiske gaten som visste for mye.

# The Street That Knew Too Much

In the bustling city of Oslo, where skyscrapers towered against the sky and the streets buzzed with activity day and night, there existed a street that stood out from the others. This street, called Whispering Valley, had a reputation for being a street that knew too much – a street that could tell stories about the people who walked through it, about their lives, and even about their innermost secrets.

Whispering Valley was a narrow street winding through the city, flanked by tall buildings and trees reaching toward the sky. During the day, the street was filled with people hurrying past, on their way to work, school, or other errands. But when night fell, and the streetlights came on, Whispering Valley transformed into a completely different place – a place where mysteries lurked in the shadows and adventures awaited around every corner.

One evening, as the moon cast its pale light over the city and the wind whispered through the trees, something unexpected happened in Whispering Valley. A young woman named Anna, who had lived in the city all her life, decided to take a stroll through the old street. She had heard rumors about Whispering Valley and its mysterious qualities, and she couldn't resist the temptation to explore it for herself.

Anna walked slowly down the quiet street, and she could feel a strange sense of anticipation and excitement building inside her. She didn't know what she expected to find there, but she couldn't shake the feeling that there was something special about Whispering Valley – something waiting to be discovered.

As she walked, Anna began to notice the small details around her. She saw the colorful shop windows lighting up the street, and she heard the sound of music and laughter streaming out from the many restaurants and cafes lining the way. But there was something else that caught her attention – something lurking in the shadows and waiting to be revealed. Suddenly, as Anna passed by an old street artist painting a beautiful picture on the sidewalk, she heard a voice whispering to her from the shadows. It was a soft and enticing voice urging her to follow it, and Anna couldn't resist the temptation to listen.

She followed the voice into a narrow alley, where the shadows lay thick and heavy between the old brick buildings. And there, amidst the shadows, Anna discovered an old book lying on the ground – a book that seemed to have been forgotten by the passage of time.

With her heart pounding in her chest, Anna picked up the book and began to flip through its pages. It turned out to be an old diary, written by an unknown author many years ago. The diary contained stories about life in Whispering Valley, about the people who had lived there, and even about their innermost secrets.

Anna could scarcely believe her own eyes as she read through the diary. She was drawn into the stories and adventures told on the pages, and she could feel herself being drawn into a whole new world – a world where anything was possible, and nothing was as it seemed.

As the night went on, Anna continued to explore Whispering Valley and discover new mysteries and adventures around every corner. She met an old bookshop owner who told her stories about the street's past, and a young street artist who painted colorful pictures on the walls. She even met a mysterious stranger who spoke in riddles and promises of treasures hidden in Whispering Valley's deepest secrets.

But there was one thing that captured her attention more than anything else – an old gate that had been closed and sealed for many years. No one knew what lay beyond the gate, but rumors said that it led to a magical realm filled with treasures and adventures waiting to be discovered.

With her heart filled with excitement and curiosity, Anna decided to find out what lay beyond the gate. She gathered her courage and set out on a journey through Whispering Valley, searching for clues and traces that could lead her to the truth.

Along the way, she met a variety of colorful characters and experienced countless adventures and challenges. She became friends with the street artist and the bookshop owner, and together they explored the hidden nooks and crannies of Whispering Valley.

Finally, after following the clues to the mysterious stranger and solving countless riddles and puzzles, Anna finally came to the gate that had been closed and sealed for so many years. With her heart pounding, she opened the gate and stepped into the magical realm hidden behind.

There, in the heart of Whispering Valley, Anna discovered a world of treasures and adventures that she had never imagined. She found gold and jewels, magical artifacts, and treasures that had been forgotten by the passage of time. And most importantly, she discovered a truth that had been hidden in Whispering Valley for generations – a truth that could change the lives of everyone who lived there forever.

With her newfound discovery in hand, Anna returned to the bustling city of Oslo, and she knew that her adventure in Whispering Valley was not over yet. For even though she had found the treasures and discovered the truth, she knew that there were many more mysteries to explore and adventures to experience in the mysterious street that knew too much.

# Teppet som ga drømmer

I den rolige landsbyen Nordlys, omkranset av frodige grønne skoger og blankpolerte fjelltopper, lå et lite, beskjedent hus. Huset tilhørte en eldre kvinne ved navn Agnes, som hadde bodd der i årevis, omfavnet av minner fra fortiden og drømmer om fremtiden. Agnes var en enke som hadde opplevd mange utfordringer i livet, men til tross for det hadde hun bevart et varmt hjerte og en sterk tro på håpet.

I stuen til Agnes lå det et vakkert, håndvevd teppe som hadde tilhørt familien i generasjoner. Teppet hadde en rik historie og var fylt med minner om kjærlighet, tap og håp. Agnes hadde alltid vært fascinert av teppet og hadde brukt mange timer på å studere mønstrene og fargene som danset over overflaten.

En dag, mens Agnes satt ved peisen og strikket, hørte hun en svak bankelyd på døren. Hun reiste seg opp og åpnet døren, og der sto en ung mann ved navn Lars, med et bekymret uttrykk i øynene. Lars var en nabo av Agnes og hadde kommet for å be om hjelp.

Han fortalte Agnes at landsbyen sto overfor harde tider, med dårlige avlinger og knappe ressurser. Mange av naboene slet med å få endene til å møtes, og håpet begynte å falme i hjertene deres. Lars hadde hørt om Agnes' vennlige natur og hennes evne til å bringe trøst og styrke til andre, og han ba henne om å hjelpe landsbyen i denne tiden med nød.

Agnes nølte ikke med å samle naboene sammen og starte en innsamlingsaksjon for å hjelpe de som trengte det mest. Hun åpnet dørene til sitt hjem og sitt hjerte og ønsket alle velkommen til å bidra med det de kunne. Snart var huset fylt med mennesker som jobbet sammen for å lage mat, klær og andre nødvendigheter for dem som trengte det mest.

Mens de arbeidet, la Agnes merke til at teppet i stuen hennes begynte å gløde med en svak, magisk glød. Hun visste ikke hva det betydde, men hun følte en varme og trøst som omfavnet henne, og hun visste at alt ville bli bra.

Etter hvert som dagene gikk, begynte folk i landsbyen å fortelle historier om merkelige og fantastiske drømmer de hadde hatt om natten. Noen hadde drømt om å fly gjennom skyene som fugler, mens andre hadde drømt om å utforske fjerne land og oppdage skatter som hadde blitt glemt av tidens gang.

Agnes visste at teppet i stuen hennes hadde noe med disse drømmene å gjøre, men hun kunne ikke forstå hvordan eller hvorfor. Hun begynte å undersøke teppet nærmere, studerte mønstrene og fargene som danset over overflaten, og prøvde å finne svar på det som foregikk.

En dag, mens hun var alene hjemme, hørte Agnes en svak stemme hviske til henne fra teppet. Det var en myk og beroligende stemme som fortalte henne at teppet hadde en magisk kraft – en kraft som kunne bringe drømmer til liv og gi håp til de som trengte det mest.

Agnes visste ikke om hun skulle tro på stemmen eller ikke, men hun bestemte seg for å følge den og se hvor den førte henne. Hun lukket øynene og la hendene på teppet, og med et øyeblikk ble hun trukket inn i en verden av drømmer og fantasi.

I drømmeverdenen oppdaget Agnes en rekke fantastiske eventyr og opplevelser som ventet på å bli utforsket. Hun fløy gjennom skyene som en fugl, dykket ned i dype hav og utforsket fjerne land som hadde blitt glemt av tidens gang. Og gjennom alt dette kunne hun føle en sterk følelse av håp og glede som omfavnet henne, og hun visste at alt ville bli bra.

Da Agnes våknet opp fra drømmen, visste hun at hun hadde funnet svarene hun hadde lett etter. Hun visste nå at teppet i stuen hennes hadde en magisk kraft som kunne bringe drømmer til liv og gi håp til de som trengte det mest. Og selv om hun kanskje aldri ville forstå hvordan det fungerte, visste hun at det var en gave som hun ville verdsette og sette pris på for alltid.

Med teppet som ga drømmer som sin guide, fortsatte Agnes å hjelpe landsbyen og spre håp og glede til de som trengte det mest. Hun visste at selv i de vanskeligste tider, kunne drømmene og håpet lyse veien fremover og lede folkene på vei mot en bedre fremtid. Og med teppet som ga drømmer ved hennes side, visste hun at ingenting var umulig.

# The Rug That Gave Dreams

In the quiet village of Nordlys, surrounded by lush green forests and polished mountain peaks, there was a small, modest house. The house belonged to an elderly woman named Agnes, who had lived there for years, embraced by memories of the past and dreams of the future. Agnes was a widow who had experienced many challenges in life, but despite that, she had retained a warm heart and a strong belief in hope.

In Agnes's living room lay a beautiful, hand-woven rug that had belonged to the family for generations. The rug had a rich history and was filled with memories of love, loss, and hope. Agnes had always been fascinated by the rug and had spent many hours studying the patterns and colors dancing across its surface.

One day, while Agnes sat by the fireplace knitting, she heard a faint knocking on the door. She got up and opened the door, and there stood a young man named Lars, with a worried look in his eyes. Lars was a neighbor of Agnes's and had come to ask for help.

He told Agnes that the village was facing hard times, with poor harvests and scarce resources. Many of the neighbors were struggling to make ends meet, and hope was beginning to fade in their hearts. Lars had heard about Agnes's friendly nature and her ability to bring comfort and strength to others, and he asked her to help the village in this time of need.

Agnes did not hesitate to gather the neighbors together and start a fundraiser to help those in need the most. She opened the doors to her home and her heart and welcomed everyone to contribute what they could. Soon, the house was filled with people working together to make food, clothes, and other necessities for those who needed them the most. As they worked, Agnes noticed that the rug in her living room began to glow with a faint, magical light. She didn't know what it meant, but she felt a warmth and comfort enveloping her, and she knew that everything would be alright.

As the days went by, people in the village began to tell stories of strange and wonderful dreams they had had at night. Some had dreamed of flying through the clouds like birds, while others had dreamed of exploring distant lands and discovering treasures that had been forgotten by the passage of time.

Agnes knew that the rug in her living room had something to do with these dreams, but she couldn't understand how or why. She began to investigate the rug further, studying the patterns and colors dancing across its surface, and trying to find answers to what was going on.

One day, while she was home alone, Agnes heard a faint voice whispering to her from the rug. It was a soft and soothing voice telling her that the rug had a magical power – a power that could bring dreams to life and give hope to those who needed it the most.

Agnes didn't know whether to believe the voice or not, but she decided to follow it and see where it led her. She closed her eyes and placed her hands on the rug, and in an instant, she was drawn into a world of dreams and fantasy.

In the dream world, Agnes discovered a range of fantastic adventures and experiences waiting to be explored. She flew through the clouds like a bird, dived into deep seas, and explored distant lands that had been forgotten by the passage of time. And through it all, she could feel a strong sense of hope and joy embracing her, and she knew that everything would be alright.

When Agnes woke up from the dream, she knew that she had found the answers she had been looking for. She now knew that the rug in her living room had a magical power that could bring dreams to life and give hope to those who needed it the most. And although she might never understand how it worked, she knew that it was a gift that she would cherish and appreciate forever.

With the rug that gave dreams as her guide, Agnes continued to help the village and spread hope and joy to those who needed it the most. She knew that even in the toughest times, dreams and hope could light the way forward and lead people on the path to a better future. And with the rug that gave dreams by her side, she knew that nothing was impossible.

# Bakerens hemmelighet: En fortelling om kjærlighet og kanelboller

I den lille byen Solglimt, hvor solen alltid skinte og duften av nybakte brød fylte luften, lå det en liten bakeributikk ved navn Solglimt Bakeri. Bakeriet var kjent langt og bredt for sine fantastiske kanelboller, som var så myke og saftige at de smeltet på tungen og fylte sjelen med glede.

Bakeren bak dette magiske bakeriet het Henrik, en varm og vennlig mann med et smil som kunne lyse opp den mørkeste dag. Henrik hadde bakt kanelbollene sine med kjærlighet og omsorg i mange år, og hemmeligheten bak oppskriften hans var en kilde til stor nysgjerrighet blant byens befolkning.

En dag, mens solen skinte over Solglimt og duften av nybakte brød fylte gatene, kom det en ung kvinne ved navn Sara inn i bakeriet. Sara var en fremmed i byen, men hun hadde hørt rykter om de berømte kanelbollene til Solglimt Bakeri og kunne ikke motstå fristelsen til å prøve dem selv.

Da hun trådte inn i bakeriet, ble hun møtt av duften av nystekte brød og kanel, og synet av ferske kaker og bakverk som fristet henne fra disken. Hun gikk bort til disken og bestilte en kopp kaffe og en kanelbolle, og hun kunne knapt vente med å smake på den deilige delikatessen.

Mens hun satt ved et bord og nøt den saftige kanelbollen, begynte Sara å fundere på den hemmelige oppskriften bak den. Hun visste at det måtte være noe spesielt med den for å gjøre den så utrolig deilig, og hun bestemte seg for å finne ut hva hemmeligheten var.

I dagene som fulgte, tilbrakte Sara mye tid på å utforske Solglimt og bli kjent med byens innbyggere. Hun snakket med folk på gaten, besøkte lokale butikker og kafeer, og lyttet til historier om livet i den lille byen.

Mens hun snakket med folk, hørte Sara stadig rykter om Henrik og hans berømte kanelboller. Noen sa at han brukte en spesiell krydderblanding i oppskriften sin, mens andre mente at hemmeligheten lå i måten han elte deigen på. Men uansett hva ryktene sa, var det én ting som alle var enige om – kanelbollene fra Solglimt Bakeri var de beste i hele byen.

En kveld, mens Sara gikk gjennom gatene i Solglimt og nøt den stille skjønnheten i den lille byen, la hun merke til lyset som skinte ut fra vinduene til bakeriet. Det så ut til at Henrik fortsatte å jobbe langt etter at de fleste andre hadde gått hjem for dagen, og det vekket nysgjerrigheten hennes.

Sara bestemte seg for å ta mot til seg og gå tilbake til bakeriet for å snakke med Henrik. Kanskje han ville være villig til å dele hemmeligheten bak kanelbollene sine med henne, tenkte hun.

Da hun kom inn i bakeriet, var Henrik travelt opptatt med å bake brød og kaker, men han tok seg likevel tid til å hilse på henne med et varmt smil. Sara presenterte seg selv og fortalte ham hvor mye hun hadde likt kanelbollen sin tidligere den dagen, og hun kunne knapt vente med å spørre ham om oppskriften bak den.

Til hennes overraskelse så Henrik på henne med et lurt smil og sa: "Hemmeligheten bak kanelbollene mine er ikke bare i oppskriften, men i historien som følger med den."

Intrigert av hans ord, satt Sara seg ned ved et bord mens Henrik begynte å fortelle historien bak kanelbollene sine. Han fortalte om hvordan oppskriften hadde blitt overlevert fra generasjon til generasjon i familien hans, og om hvordan den var blitt til gjennom århundrer med kjærlighet og omsorg.

Han fortalte også om hvordan kanelbollene hadde blitt en del av byens historie og identitet, og om hvordan de hadde brakt glede og trøst til folk i de mest utfordrende tider.

Mens hun lyttet til Henriks historie, kunne Sara føle varmen og lidenskapen som lå bak kanelbollene hans, og hun visste at hun hadde funnet den virkelige hemmeligheten bak dem. Det var ikke bare ingrediensene eller teknikken som gjorde dem så spesielle, men kjærligheten og omsorgen som Henrik la inn i hver eneste bakt kanelbolle.

Takknemlig for Henriks fortrolighet og visdom, forlot Sara bakeriet den kvelden med en følelse av glede og takknemlighet i hjertet sitt. Hun visste at hun hadde funnet noe spesielt i den lille byen Solglimt – ikke bare de deilige kanelbollene, men også kjærligheten og fellesskapet som bandt folk sammen der.

Fra den dagen av delte Sara historien om kanelbollene og bakerens hemmelighet med alle hun møtte. Hun visste at hemmeligheten lå ikke bare i oppskriften, men i historien og kjærligheten som lå bak den, og hun ønsket å spre den videre til verden.

Og selv om hun aldri ville glemme den spesielle tiden hun hadde tilbrakt i Solglimt, visste hun at hun hadde funnet noe enda mer verdifullt – en følelse av fellesskap og kjærlighet som ville vare livet ut.

# The Baker's Secret: A Story of Love and Cinnamon Rolls

In the small town of Solglimt, where the sun always shone and the scent of freshly baked bread filled the air, there was a small bakery called Solglimt Bakery. The bakery was known far and wide for its fantastic cinnamon rolls, so soft and juicy that they melted on the tongue and filled the soul with joy.

The baker behind this magical bakery was named Henrik, a warm and friendly man with a smile that could light up the darkest day. Henrik had been baking his cinnamon rolls with love and care for many years, and the secret behind his recipe was a source of great curiosity among the town's people.

One day, while the sun was shining over Solglimt and the scent of freshly baked bread filled the streets, a young woman named Sara entered the bakery. Sara was a stranger in town, but she had heard rumors about the famous cinnamon rolls of Solglimt Bakery and couldn't resist the temptation to try them for herself.

As she stepped into the bakery, she was greeted by the scent of freshly baked bread and cinnamon, and the sight of fresh cakes and pastries tempting her from the counter. She approached the counter and ordered a cup of coffee and a cinnamon roll, and she could hardly wait to taste the delicious delicacy.

As she sat at a table and enjoyed the juicy cinnamon roll, Sara began to ponder the secret recipe behind it. She knew there had to be something special about it to make it so incredibly delicious, and she decided to find out what the secret was.

In the days that followed, Sara spent a lot of time exploring Solglimt and getting to know the town's people. She talked to people on the street, visited local shops and cafes, and listened to stories about life in the small town.

As she talked to people, Sara constantly heard rumors about Henrik and his famous cinnamon rolls. Some said he used a special blend of spices in his recipe, while others believed the secret lay in the way he kneaded the dough. But no matter what the rumors said, there was one thing everyone agreed on – the cinnamon rolls from Solglimt Bakery were the best in the whole town.

One evening, as Sara walked through the streets of Solglimt and enjoyed the quiet beauty of the small town, she noticed the light shining from the windows of the bakery. It seemed that Henrik continued to work long after most others had gone home for the day, and it piqued her curiosity. Sara decided to gather her courage and go back to the bakery to talk to Henrik. Perhaps he would be willing to share the secret behind his cinnamon rolls with her, she thought.

When she entered the bakery, Henrik was busy baking bread and cakes, but he still took the time to greet her with a warm smile. Sara introduced herself and told him how much she had enjoyed her cinnamon roll earlier that day, and she could hardly wait to ask him about the recipe behind it.

To her surprise, Henrik looked at her with a knowing smile and said: "The secret behind my cinnamon rolls is not only in the recipe, but in the story that accompanies it."

Intrigued by his words, Sara sat down at a table while Henrik began to tell the story behind his cinnamon rolls. He told her how the recipe had been passed down from generation to generation in his family, and how it had been created through centuries of love and care.

He also told her how the cinnamon rolls had become part of the town's history and identity, and how they had brought joy and comfort to people in the most challenging times.

As she listened to Henrik's story, Sara could feel the warmth and passion behind his cinnamon rolls, and she knew she had found the real secret behind them. It wasn't just the ingredients or the technique that made them so special, but the love and care that Henrik put into each and every baked cinnamon roll.

Grateful for Henrik's trust and wisdom, Sara left the bakery that evening with a sense of joy and gratitude in her heart. She knew she had found something special in the small town of Solglimt – not just the delicious cinnamon rolls, but also the love and community that bound people together there.

From that day on, Sara shared the story of the cinnamon rolls and the baker's secret with everyone she met. She knew that the secret lay not only in the recipe, but in the story and the love behind it, and she wanted to spread it further into the world.

And although she would never forget the special time she had spent in Solglimt, she knew she had found something even more valuable – a sense of community and love that would last a lifetime.

# På sporet av den tapte tiden

I den lille landsbyen Åseng, hvor tiden syntes å bevege seg langsommere enn andre steder, levde en ung kvinne ved navn Ingrid. Ingrid hadde alltid følt seg trukket mot fortiden, mot minnene om barndommens lek og moro, og mot de små øyeblikkene som hadde formet henne til den hun var i dag.

En dag, mens hun ryddet i loftet på familiens gamle gårdshus, kom Ingrid over en eske med gamle fotografier og brev som hadde tilhørt hennes besteforeldre. Med hjertet fylt av nysgjerrighet og lengsel, begynte hun å bla gjennom innholdet og utforske de gamle minnene som lå gjemt inni. Mellom bildene av glade familieferier og brevene fylt med kjærlighet og håp, fant Ingrid en gammel dagbok som tilhørte hennes bestefar. Dagboken var fylt med hans skrift og historier fra hans ungdomstid, og Ingrid kunne ikke motstå fristelsen til å lese gjennom sidene og oppdage den tapte tiden som lå gjemt der.

Gjennom bestefarens øyne, ble Ingrid ført tilbake til en tid da livet var enklere, da dagene var fylt med latter og kjærlighet, og da fremtiden lå åpen foran henne som et blankt lerret som ventet på å bli fylt med eventyr.

I dagboken leste hun om bestefarens barndomsopplevelser på gården, om lekene han lekte og de historiene han hørte om fra de eldre i landsbyen. Hun leste om de små gledene og utfordringene ved å vokse opp på landsbygda, og om de sterke båndene som bandt familien sammen gjennom tykt og tynt.

Men det var én historie som fanget Ingrids oppmerksomhet mer enn noen annen – historien om den tapte kjærligheten. Gjennom bestefarens ord ble hun kjent med en ung kvinne ved navn Elin, som hadde vært hans ungdomskjærlighet og hjertets store ønske.

Elin hadde vært en vakker og livlig jente, med en glitrende personlighet som kunne lyse opp selv den mørkeste dag. Hun hadde vært bestefarens støtte og venn gjennom alle livets utfordringer, og han hadde aldri glemt den varme følelsen av hånden hennes i hans.

Men som så mange kjærlighetshistorier, hadde deres vært avbrutt av livets uforutsette vendinger og omstendigheter. En dag hadde Elin forlatt landsbyen uten et spor, og bestefaren hadde aldri sett henne igjen. Siden den dagen hadde han levd med savnet etter henne, og lengtet etter å finne ut hva som hadde skjedd med henne.

Drevet av en intens lengsel etter å finne sannheten, bestemte Ingrid seg for å sette ut på en reise for å løse gåten om Elin og den tapte kjærligheten til bestefaren. Med dagboken som hennes veiledning og kilden til visdom, bega hun seg ut på en nostalgisk reise gjennom fortiden, på jakt etter ledetråder og spor som kunne lede henne til sannheten.

Hennes reise førte henne til fjerne landsbyer og små byer, hvor hun møtte fargerike karakterer og opplevde utallige eventyr og utfordringer på veien. Hun ble venner med gamle og unge, med rike og fattige, og sammen delte de minner og historier om livet slik det hadde vært og slik det kunne bli.

Til slutt, etter å ha fulgt ledetrådene fra bestefarens dagbok og løst utallige gåter og gåter, kom Ingrid endelig til det stedet hvor Elin hadde blitt sett sist. Med hjertet fylt av spenning og nysgjerrighet, utforsket hun området og lette etter spor som kunne lede henne til den tapte kjærligheten til bestefaren.

Og til slutt, da solen sank ned bak horisonten og stjernene begynte å skinne over himmelen, fant Ingrid det hun hadde lett etter så lenge – en gammel hytte gjemt blant trærne, med en overgrodd hage og et gammelt sjarmerende utseende.

Da hun gikk inn i hytta, kunne hun føle en magisk følelse av kjærlighet og håp som fylte rommet, og hun visste at hun var på rett spor. Hun begynte å lete gjennom hytta, åpne skuffer og skap, og til slutt fant hun det hun hadde vært på jakt etter – en gammel boks gjemt under en bunke med støvete klær.

Med bankende hjerte åpnet hun boksen og fant innholdet inne – et brev som var skrevet av Elin til bestefaren før hun forlot landsbyen. I brevet fortalte Elin om hennes drømmer og lengsler, om hennes ønske om å utforske verden og finne sitt sanne kall.

Men det viktigste av alt, i brevet avslørte Elin sannheten om hvorfor hun hadde forlatt landsbyen og bestefaren så mange år tidligere. Hun fortalte om en familiehemmelighet som hadde tvunget henne til å forlate alt hun kjente og elsket, og om hennes håp om å en dag kunne vende tilbake til landsbyen og til bestefaren som hadde stjålet hennes hjerte.

Med tårer i øynene og en følelse av lettelse i hjertet, visste Ingrid at hun hadde funnet sannheten hun hadde lett etter. Hun visste at selv om hun kanskje aldri ville kunne bringe Elin tilbake til bestefaren, hadde hun i det minste brakt litt fred og trøst til hans hjerte.

Og mens hun vendte tilbake til landsbyen Åseng, med dagboken og brevet som hennes trofaste følgesvenner, visste Ingrid at hun hadde oppnådd det som var viktigst av alt – å bringe lys til den tapte tiden og å hedre minnene om de som hadde gått før henne.

For selv om tiden kan ta oss bort fra de vi elsker, vil minnene og kjærligheten alltid leve videre i våre hjerter, og vil lede oss på vår vei gjennom livet. Og med hver historie vi forteller og hvert minne vi deler, bringer vi litt mer lys til den tapte tiden og hedrer de som har gått før oss.

# On the Trail of Lost Time

In the small village of Åseng, where time seemed to move slower than elsewhere, lived a young woman named Ingrid. Ingrid had always felt drawn to the past, to the memories of childhood play and fun, and to the small moments that had shaped her into who she was today.

One day, while clearing out the attic of her family's old farmhouse, Ingrid came across a box of old photographs and letters that had belonged to her grandparents. With her heart filled with curiosity and longing, she began to sift through the contents and explore the old memories hidden within.

Among the pictures of happy family vacations and the letters filled with love and hope, Ingrid found an old diary belonging to her grandfather. The diary was filled with his handwriting and stories from his youth, and Ingrid could not resist the temptation to read through the pages and discover the lost time hidden there.

Through her grandfather's eyes, Ingrid was transported back to a time when life was simpler, when days were filled with laughter and love, and when the future lay open before her like a blank canvas waiting to be filled with adventure.

In the diary, she read about her grandfather's childhood experiences on the farm, about the games he played and the stories he heard from the elders in the village. She read about the small joys and challenges of growing up in the countryside, and about the strong bonds that held the family together through thick and thin.

But there was one story that captured Ingrid's attention more than any other – the story of lost love. Through her grandfather's words, she became acquainted with a young woman named Elin, who had been his teenage sweetheart and the desire of his heart.

Elin had been a beautiful and lively girl, with a sparkling personality that could light up even the darkest day. She had been her grandfather's support and friend through all the challenges of life, and he had never forgotten the warm feeling of her hand in his.

But like so many love stories, theirs had been interrupted by life's unexpected twists and turns. One day, Elin had left the village without a trace, and her grandfather had never seen her again. Since that day, he had lived with the longing for her, and yearned to find out what had happened to her.

Driven by an intense longing to uncover the truth, Ingrid decided to set out on a journey to solve the mystery of Elin and her grandfather's lost love. With the diary as her guide and source of wisdom, she embarked on a nostalgic journey through the past, searching for clues and traces that could lead her to the truth.

Her journey took her to distant villages and small towns, where she met colorful characters and experienced countless adventures and challenges along the way. She befriended old and young, rich and poor, and together they shared memories and stories of life as it had been and as it could be.

Finally, after following the clues from her grandfather's diary and solving countless puzzles and riddles, Ingrid finally came to the place where Elin had last been seen. With her heart filled with excitement and curiosity, she explored the area and searched for clues that could lead her to her grandfather's lost love.

And finally, as the sun sank behind the horizon and the stars began to shine in the sky, Ingrid found what she had been searching for so long – an old cabin hidden among the trees, with an overgrown garden and an old charming appearance.

As she entered the cabin, she could feel a magical sense of love and hope filling the room, and she knew she was on the right track. She began to search through the cabin, opening drawers and cupboards, and finally found what she had been looking for – an old box hidden under a pile of dusty clothes.

With a pounding heart, she opened the box and found its contents inside – a letter written by Elin to her grandfather before she left the village. In the letter, Elin told of her dreams and longings, of her desire to explore the world and find her true calling.

But most importantly, in the letter Elin revealed the truth about why she had left the village and her grandfather so many years ago. She told of a family secret that had forced her to leave everything she knew and loved behind, and of her hope to one day be able to return to the village and to her grandfather who had stolen her heart.

With tears in her eyes and a feeling of relief in her heart, Ingrid knew she had found the truth she had been searching for. She knew that even though she might never be able to bring Elin back to her grandfather, she had at least brought some peace and comfort to his heart.

And as she returned to the village of Åseng, with the diary and the letter as her faithful companions, Ingrid knew she had achieved what was most important of all – to bring light to the lost time and to honor the memories of those who had gone before her.

For even though time may take us away from those we love, the memories and the love will always live on in our hearts, and will guide us on our journey through life. And with each story we tell and each memory we share, we bring a little more light to the lost time and honor those who have gone before us.

# Kvinnen på benken: En fortelling om tilfeldige møter

I den travle byen Oslo, hvor livet beveget seg i et hurtig tempo og folk var fanget i sine egne verden av plikter og ansvar, var det en kvinne som satte seg ned på en benk i parken hver dag. Hun var en anonym skikkelse, en som folk knapt la merke til i den hektiske hverdagen sin, men likevel hadde hun en mystisk tiltrekning som fikk noen til å stoppe opp og lure på hvem hun var.

Kvinnen på benken hadde en aura av ro og fred rundt seg, en som skilte seg ut fra den kaotiske atmosfæren i byen. Hun satt alltid med en bok i hånden og et fjernt uttrykk i øynene, som om hun var et sted langt borte fra parken, langt borte fra byens bråk og kjas.

En dag, mens hun satt på benken og bladde gjennom sidene i boken sin, la hun merke til en ung mann som kom gående mot henne. Han var kledd i en fargerik genser og hadde et nervøst uttrykk i ansiktet, som om han var på vei et sted viktig, men usikker på veien.

Kvinnen på benken løftet blikket fra boken sin og møtte mannens øyne, og i det øyeblikket følte hun en uforklarlig forbindelse mellom dem. Det var som om de to var skjebnebestemt til å møtes akkurat der, akkurat da, og at deres møte ville forandre begges liv på en eller annen måte.

Mannen nølte et øyeblikk, som om han vurderte om han skulle gå videre eller stoppe opp og snakke med kvinnen på benken. Til slutt bestemte han seg for å ta sjansen og satte seg ned ved siden av henne, med et nervøst smil på leppene.

"Unnskyld meg," begynte han forsiktig, "men jeg kunne ikke la være å legge merke til deg her på benken. Det er noe med deg som virker så... annerledes."

Kvinnen på benken smilte til ham og nikket stille. "Det er greit," svarte hun rolig. "Jeg er her hver dag, og jeg setter alltid pris på selskap."

Sakte men sikkert begynte de to å snakke sammen, og snart ble de trukket inn i en samtale som varte i flere timer. De delte historier om sine liv, sine drømmer og håp, og oppdaget at de hadde mer til felles enn de hadde trodd.

Mannen fortalte om sitt travle liv som advokat, om stresset og presset han følte hver dag, og om lengselen etter å finne noe mer meningsfullt i tilværelsen sin. Kvinnen på benken lyttet oppmerksomt til hans ord, og kunne ikke unngå å kjenne igjen følelsen av rastløshet og tvil som lå bak dem.

På samme måte åpnet kvinnen på benken seg om sitt eget liv, om hennes ensomhet og lengsel etter å finne et sted hvor hun virkelig hørte til. Hun fortalte om sin kjærlighet til bøker og kunst, og om hennes drøm om å finne ro og fred i en verden som stadig virket mer kaotisk og uforutsigbar. Etter hvert som samtalen deres fortsatte, begynte de to å innse hvor mye de trengte hverandre. De følte en uforklarlig forbindelse som trakk dem nærmere sammen, som om de hadde funnet en slags sjelsfrende i hverandre.

Etter det første møtet satt de to på benken hver dag, og snakket om alt og ingenting. De delte latter og tårer, glede og sorg, og oppdaget at selv om de kom fra forskjellige verdener, var de allikevel bundet sammen av en dyp og uforklarlig kjærlighet.

Til slutt, etter mange måneder med tilfeldige møter på benken i parken, innså de to at de ikke kunne leve uten hverandre. De bestemte seg for å ta sjansen og følge sine hjerter, og la resten av verden fare mens de skapte sitt eget lille paradis sammen.

Og så, på en varm sommerdag, mens solen skinte over parken og vinden hvisket gjennom trærne, gikk kvinnen på benken og mannen hånd i hånd gjennom parken, klar til å begynne sitt nye liv sammen. For selv om deres møte hadde vært tilfeldig, var deres kjærlighet alt annet enn det.

# The Woman on the Bench: A Tale of Chance Encounters

In the bustling city of Oslo, where life moved at a rapid pace and people were caught in their own world of duties and responsibilities, there was a woman who sat on a bench in the park every day. She was an anonymous figure, one that people barely noticed in their hectic daily lives, yet she had a mysterious allure that made some pause and wonder who she was.

The woman on the bench had an aura of calm and peace around her, one that stood out from the chaotic atmosphere of the city. She always sat with a book in hand and a distant look in her eyes, as if she were somewhere far away from the park, far away from the hustle and bustle of the city.

One day, as she sat on the bench flipping through the pages of her book, she noticed a young man walking towards her. He was dressed in a colorful sweater and had a nervous expression on his face, as if he were on his way somewhere important, but unsure of the way.

The woman on the bench lifted her gaze from her book and met the man's eyes, and in that moment, she felt an inexplicable connection between them. It was as if the two of them were destined to meet right there, right then, and that their meeting would change both of their lives in some way.

The man hesitated for a moment, as if weighing whether to continue on or to stop and talk to the woman on the bench. Finally, he decided to take the chance and sat down beside her, with a nervous smile on his lips. "Excuse me," he began cautiously, "but I couldn't help but notice you here on the bench. There's something about you that seems so... different."

The woman on the bench smiled at him and nodded quietly. "It's okay," she replied calmly. "I'm here every day, and I always appreciate company."

Slowly but surely, the two began to talk, and soon they were drawn into a conversation that lasted for hours. They shared stories about their lives, their dreams and hopes, and discovered that they had more in common than they had thought.

The man talked about his busy life as a lawyer, about the stress and pressure he felt every day, and about his longing to find something more meaningful in his existence. The woman on the bench listened attentively to his words, and couldn't help but recognize the feeling of restlessness and doubt that lay behind them.

In the same way, the woman on the bench opened up about her own life, about her loneliness and longing to find a place where she truly belonged. She talked about her love for books and art, and about her dream of finding peace and tranquility in a world that seemed increasingly chaotic and unpredictable.

As their conversation continued, the two began to realize how much they needed each other. They felt an inexplicable connection that drew them closer together, as if they had found some kind of soulmate in each other.

After their first meeting, the two sat on the bench every day, talking about everything and nothing. They shared laughter and tears, joy and sorrow, and discovered that even though they came from different worlds, they were still bound together by a deep and inexplicable love.

Finally, after many months of chance encounters on the bench in the park, the two realized that they couldn't live without each other. They decided to take the chance and follow their hearts, and let the rest of the world fall away as they created their own little paradise together.

And so, on a warm summer day, while the sun shone over the park and the wind whispered through the trees, the woman on the bench and the man walked hand in hand through the park, ready to begin their new life together. For even though their meeting had been by chance, their love was anything but.

# Mysteriet på Gårdshuset

Det var en stille og fredelig sommerdag på gården til Anna og Lars. Solen skinte, og fuglene sang sine vakreste sanger mens de fløy over de grønne åkrene og gjennom de frodige skogene som omringet gården.

Anna og Lars hadde alltid elsket livet på gården, med de vidstrakte jorder å utforske og dyrene som løp rundt på tunet. Men denne sommerdagen skulle vise seg å være annerledes enn alle de andre.

Da Anna og Lars våknet opp tidlig om morgenen, oppdaget de at noe var galt. Gårdshuset, som vanligvis var fylt med liv og latter, lå stille og forlatt. Dyrene var tause, og det var ingen tegn til liv i det hele tatt.

Forvirret og bekymret begynte Anna og Lars å lete gjennom gården, i håp om å finne ut hva som hadde skjedd. De ropte etter moren og faren sin, men ingen svarte. Det var som om de hadde forsvunnet inn i tynn luft.

Som de fortsatte å lete, oppdaget de til sin skrekk at det var flere ting som var borte fra gården – verdisaker som smykker og penger, samt viktige dokumenter og brev. Det virket som om noen hadde brutt seg inn i gården og stjålet alt av verdi.

Med hjertet i halsen bestemte Anna og Lars seg for å ta saken i egne hender. De visste at de måtte finne ut hvem som sto bak dette, og de var fast bestemt på å løse mysteriet på gården.

Så begynte de å gå fra gård til gård, og snakke med naboer og venner i håp om å få noen ledetråder. De hørte mange rykter og spekulasjoner, men ingen visste noe sikkert om hva som hadde skjedd.

Til slutt, etter mange timer med intens etterforskning, kom Anna og Lars over et spor som kunne lede dem til løsningen på mysteriet. De oppdaget et gammelt skjul dypt inne i skogen, skjult under tykke grener og løv.

Da de åpnet døren til skjulet, ble de møtt av et overraskende syn – alt det stjålne gods var der, pent stablet opp på hyller og bord. Og midt i rommet satt det en skummel skikkelse, som stirret på dem med kalde øyne.

Med hjertet hamrende i brystet, konfronterte Anna og Lars den mystiske skikkelsen. De ba ham om å forklare seg, og til deres overraskelse avslørte han at han var en tidligere ansatt på gården, som hadde blitt sparket av foreldrene deres for flere år siden.

Han hadde sverget hevn mot Anna og Lars og hadde bestemt seg for å stjele fra dem for å få tilbake det han mente var rettmessig hans. Men nå, konfrontert med sannheten, innså han at han hadde gjort feil, og han ba om unnskyldning for det han hadde gjort.

Med saken løst og alt det stjålne godset tilbake på gården, kunne Anna og Lars endelig puste lettet ut. De hadde løst mysteriet på gården og lært en verdifull lekse om tilgivelse og forsoning.

# The Mystery at the Farmhouse

It was a calm and peaceful summer day at Anna and Lars' farm. The sun was shining, and the birds were singing their most beautiful songs as they flew over the green fields and through the lush forests surrounding the farm.

Anna and Lars had always loved life on the farm, with its vast fields to explore and the animals running around the yard. But this summer day was going to be different from all the others.

When Anna and Lars woke up early in the morning, they discovered that something was wrong. The farmhouse, which was usually filled with life and laughter, lay quiet and deserted. The animals were silent, and there was no sign of life at all.

Confused and worried, Anna and Lars began to search through the farm, hoping to find out what had happened. They called out for their mother and father, but no one answered. It was as if they had vanished into thin air.

As they continued to search, Anna and Lars discovered to their horror that several things were missing from the farm – valuables like jewelry and money, as well as important documents and letters. It seemed like someone had broken into the farm and stolen everything of value.

With their hearts pounding, Anna and Lars decided to take matters into their own hands. They knew they had to find out who was behind this, and they were determined to solve the mystery at the farmhouse.

So they began to go from farm to farm, talking to neighbors and friends in the hope of getting some clues. They heard many rumors and speculations, but no one knew for sure what had happened.

Finally, after many hours of intense investigation, Anna and Lars came across a clue that could lead them to the solution of the mystery. They discovered an old hideout deep in the forest, hidden under thick branches and leaves.

When they opened the door to the hideout, they were met with a surprising sight – all the stolen goods were there, neatly stacked on shelves and tables. And in the middle of the room sat a sinister figure, staring at them with cold eyes.

With their hearts pounding, Anna and Lars confronted the mysterious figure. They asked him to explain himself, and to their surprise, he revealed that he was a former employee of the farm, who had been fired by their parents several years ago.

He had sworn revenge against Anna and Lars and had decided to steal from them to get back what he believed was rightfully his. But now, confronted with the truth, he realized that he had made a mistake, and he apologized for what he had done.

With the case solved and all the stolen goods back on the farm, Anna and Lars could finally breathe a sigh of relief. They had solved the mystery at the farmhouse and learned a valuable lesson about forgiveness and reconciliation.

# Zebrahjertet

Det var en gang en ensom zebra ved navn Zara som levde på den afrikanske savannen. Zara var ikke som de andre sebraene i flokken. Mens de alle gikk i grupper og lo og spøkte sammen, foretrakk Zara å vandre alene blant de bølgende gresslettene.

Zara var ikke bare annerledes på grunn av sin stille natur, men også på grunn av det spesielle merket på kroppen hennes. Mens de andre sebraene hadde striper som gikk fra hodet og nedover ryggen, hadde Zara et hjerteformet merke midt på siden.

Denne forskjellen gjorde Zara til et utstøtt blant flokken. De andre sebraene lo og pekte fingre av henne, og Zara følte seg ensom og uønsket. Hun lengtet etter å finne noen som ville forstå og akseptere henne for den hun var.

En dag, mens Zara streifet alene langs savannen, hørte hun plutselig lyden av noen som gråt. Nysgjerrig fulgte hun lyden og kom til et vannhull hvor hun fant en liten gepardunge som satt og hulket ved bredden.

Zara gikk forsiktig bort til geparden og spurte hva som var galt. Den lille geparden snufset og fortalte Zara at han hadde gått seg bort fra familien sin og ikke visste hvordan han skulle komme seg hjem igjen.

Zara kjente medlidenhet med den lille geparden og tilbød seg å hjelpe ham med å finne veien hjem. Sammen begynte de å vandre gjennom savannen, og Zara ledet den lille geparden gjennom de farlige områdene mens hun passet på ham som om han var hennes eget barn.

Etter mange timer med vandring gjennom savannen, kom de endelig tilbake til gepardflokken, som ventet spent på å gjenforenes med den lille. Geparden takket Zara for hennes hjelp og lovet å aldri glemme hennes godhet.

Som takk for hennes hjelp, tilbød gepardflokken å ta Zara inn i deres flokk. Til tross for hennes annerledeshet og det hjerteformede merket, ble Zara varmt mottatt av gepardene, som aksepterte henne som en av sine egne.

Fra den dagen av var Zara ikke lenger alene på savannen. Hun hadde funnet et nytt hjem og nye venner som elsket henne for den hun var. Og selv om hun fortsatt bar på det hjerteformede merket, følte Zara seg ikke lenger annerledes – hun hadde funnet sitt sted i verden og var lykkeligere enn noensinne.

# The Zebra's Heart

Once upon a time, there was a lonely zebra named Zara who lived on the African savanna. Zara was not like the other zebras in the herd. While they all moved in groups, laughing and joking together, Zara preferred to wander alone among the rolling grasslands.

Zara was not only different because of her quiet nature but also because of the unique mark on her body. While the other zebras had stripes that ran from their heads down their backs, Zara had a heart-shaped mark in the middle of her side.

This difference made Zara an outcast among the herd. The other zebras laughed and pointed fingers at her, and Zara felt lonely and unwanted. She longed to find someone who would understand and accept her for who she was.

One day, while Zara was roaming alone across the savanna, she suddenly heard the sound of someone crying. Curiously, she followed the sound and came to a waterhole where she found a little cheetah cub sitting and sobbing by the shore.

Zara approached the cheetah cub gently and asked what was wrong. The little cheetah sniffled and told Zara that he had gotten lost from his family and didn't know how to find his way home again.

Zara felt compassion for the little cheetah and offered to help him find his way back. Together, they began to wander through the savanna, with Zara leading the little cheetah through the dangerous areas while she watched over him as if he were her own child.

After many hours of walking through the savanna, they finally returned to the cheetah family, who were eagerly awaiting to be reunited with the little one. The cheetah thanked Zara for her help and promised to never forget her kindness.

As a token of their gratitude, the cheetah family offered to take Zara into their herd. Despite her difference and the heart-shaped mark, Zara was warmly welcomed by the cheetahs, who accepted her as one of their own. From that day on, Zara was no longer alone on the savanna. She had found a new home and new friends who loved her for who she was. And although she still bore the heart-shaped mark, Zara no longer felt different – she had found her place in the world and was happier than ever.

# Intrigene på Innsjøen

Det var en stille dag ved den vakre innsjøen, der vannet lå rolig under den blå himmelen og fjellene speilet seg i overflaten. På bredden av innsjøen lå en liten landsby, omgitt av frodige skoger og grønne enger. Livet gikk sin vante gang i landsbyen, der menneskene levde i harmoni med naturen og hverandre.

Blant innbyggerne i landsbyen bodde en ung kvinne ved navn Anna. Hun hadde bodd der hele livet og kjente hver krok av innsjøen og skogene som sin egen lomme. Anna var nysgjerrig av natur og elsket å utforske det som skjedde rundt henne, alltid på utkikk etter spennende opplevelser og eventyr.

En dag, mens Anna gikk langs bredden av innsjøen, oppdaget hun noe uvanlig som fanget oppmerksomheten hennes. Midt på innsjøen så hun et lite øy, som hun visste ikke hadde vært der tidligere. Forvirret og fascinert gikk Anna nærmere for å undersøke nærmere.

Da hun kom nærmere, oppdaget Anna at øya ikke var tom - det var et slott som ruvet majestetisk over det omkringliggende landskapet. Slottet så ut til å være forlatt og overgitt til naturen, men det var noe mystisk og tiltrekkende ved det som fikk Anna til å føle seg nysgjerrig.

Med hjertet fylt av spenning, bestemte Anna seg for å utforske slottet og finne ut mer om dets hemmeligheter. Hun roet seg en gammel båt som lå forlatt på bredden av innsjøen og begynte å ro mot øya.

Da hun nærmet seg øya, ble Anna møtt av en overraskende syn. Slottet var omgitt av en praktfull hage som hadde blitt gjengrodd av planter og ville blomster. På en benk ved inngangen til slottet satt en eldre mann med et alvorlig uttrykk i ansiktet.

"Velkommen til slottet," sa mannen da han så Anna nærme seg. "Jeg er greven av dette stedet, og jeg er her for å advare deg om farene som lurer her."

Anna så forundret på mannen. "Hva slags fare?" spurte hun.

Greven sukket tungt og ristet på hodet. "Det er intriger og hemmeligheter som gjemmer seg i skyggene av dette slottet," sa han. "Innsjøen har alltid vært et sted for mystikk og magi, og de som våger å utforske det, risikerer å havne i fare."

Anna kjente en følelse av spenning og frykt spre seg gjennom kroppen hennes. Det var noe udefinert og mystisk ved slottet og innsjøen som fikk henne til å føle seg nysgjerrig og redd på samme tid.

Men til tross for farene som lurte, kunne Anna ikke motstå fristelsen til å utforske slottet og finne ut mer om dets hemmeligheter. Med motet i hjertet gikk hun inn gjennom porten og begynte å utforske de mørke gangene og rommene i slottet.

Etter hvert som hun gikk videre, oppdaget Anna spor av tidligere liv som hadde levd i slottet. Det var gamle møbler og malerier som hang på veggene, og det var som om de hvisket stille historier om fortiden til alle som ville lytte.

Men det var én ting som fanget oppmerksomheten hennes mer enn noe annet - det var et skjult rom som var gjemt bak en falsk vegg i slottet. Med bankende hjerte brøt Anna gjennom veggen og avslørte rommet som hadde ligget skjult i mange år.

Der inne fant hun en gammel kiste som var full av skatter og hemmeligheter fra fortiden. Men det mest overraskende av alt var det hun fant under kisten - et gammelt kart som viste veien til en annen skatt som lå gjemt et sted på øya.

Med kartet i hånden, dro Anna ut for å lete etter den andre skatten. Hun visste at hun måtte være forsiktig, for farene lurte overalt, men hun kunne ikke la være å følge det mystiske kartet og finne ut mer om øyas hemmeligheter.

Gjennom farlige utfordringer og spennende eventyr klarte Anna til slutt å finne den andre skatten og avdekke øyas største hemmelighet. Men det var ikke skattene i seg selv som var mest verdifulle, men det hun hadde lært om seg selv og verden rundt seg på veien.

Med hjertet fylt av visdom og erfaring, vendte Anna tilbake til landsbyen, klar til å dele sine opplevelser med andre. Hun visste at livet aldri ville være det samme igjen etter hennes uventede eventyr på innsjøen, men hun var takknemlig for alt hun hadde lært og opplevd på veien.

It was a calm day by the beautiful lake, where the water lay still under the blue sky and the mountains mirrored themselves in its surface. On the shore of the lake lay a small village, surrounded by lush forests and green meadows. Life went on as usual in the village, where people lived in harmony with nature and each other.

Among the residents of the village lived a young woman named Anna. She had lived there all her life and knew every corner of the lake and the forests like the back of her hand. Anna was curious by nature and loved to explore what was happening around her, always on the lookout for exciting experiences and adventures.

One day, as Anna walked along the shore of the lake, she discovered something unusual that caught her attention. In the middle of the lake, she saw a small island, which she knew had not been there before. Confused and fascinated, Anna approached to investigate further.

As she drew closer, Anna discovered that the island was not empty - there was a castle looming majestically over the surrounding landscape. The castle appeared to be abandoned and surrendered to nature, but there was something mysterious and alluring about it that made Anna feel curious.

With her heart filled with excitement, Anna decided to explore the castle and uncover more about its secrets. She commandeered an old boat that lay abandoned on the shore of the lake and began to row towards the island.

As she approached the island, Anna was greeted by a surprising sight. The castle was surrounded by a magnificent garden that had been overgrown with plants and wildflowers. Sitting on a bench at the entrance to the castle was an elderly man with a solemn expression on his face.

"Welcome to the castle," said the man as he saw Anna approach. "I am the count of this place, and I am here to warn you of the dangers that lurk here."

Anna looked at the man in astonishment. "What kind of danger?" she asked.

The count sighed heavily and shook his head. "There are intrigues and secrets hiding in the shadows of this castle," he said. "The lake has always been a place of mystery and magic, and those who dare to explore it risk falling into danger."

Anna felt a mixture of excitement and fear spread through her body. There was something undefined and mysterious about the castle and the lake that made her feel both curious and afraid at the same time.

But despite the dangers that lurked, Anna could not resist the temptation to explore the castle and learn more about its secrets. With courage in her heart, she entered through the gate and began to explore the dark corridors and rooms of the castle.

As she ventured further, Anna discovered traces of past lives that had lived in the castle. There were old furniture and paintings hanging on the walls, and it was as if they whispered quiet stories about the past to anyone who would listen.

But there was one thing that caught her attention more than anything else - it was a hidden room tucked away behind a false wall in the castle. With a pounding heart, Anna broke through the wall and revealed the room that had been hidden for many years.

Inside, she found an old chest filled with treasures and secrets from the past. But the most surprising of all was what she found underneath the chest - an old map that showed the way to another treasure hidden somewhere on the island.

With the map in hand, Anna set out to search for the other treasure. She knew she had to be careful, for the dangers lurked everywhere, but she couldn't resist following the mysterious map and learning more about the island's secrets.

Through dangerous challenges and exciting adventures, Anna eventually managed to find the other treasure and uncover the island's greatest secret. But it wasn't the treasures themselves that were most valuable, but what she had learned about herself and the world around her along the way.

With her heart filled with wisdom and experience, Anna returned to the village, ready to share her experiences with others. She knew that life would never be the same again after her unexpected adventures on the lake, but she was grateful for everything she had learned and experienced along the way.

# Hviskinger i Vinden

I den rolige landsbyen Vindesletta, omgitt av endeløse åkrer og bølgende åser, levde det en ung kvinne ved navn Eva. Eva var kjent blant landsbyens folk for sin stille natur og sitt brennende ønske om eventyr. Hun tilbrakte dagene med å vandre gjennom de frodige markene og lytte til de hviskende vindene som suste gjennom trærne.

En dag, mens Eva var ute og gikk i skogen like utenfor landsbyen, hørte hun noe merkelig. Det var som om vinden hvisket hennes navn, og hun kunne kjenne et drag av mystikk som omga henne. Nysgjerrig på lyden, fulgte Eva lyden av hviskingen og kom til en gammel steinmur gjemt blant trærne.

Steinmuren hadde stått der i århundrer, og ingen visste lenger hva dens opprinnelige formål hadde vært. Men nå, i lyset av solen som strålte gjennom bladverket, føltes det som om muren hadde en hemmelighet å fortelle.

Som Eva nærmet seg muren, kunne hun høre hviskingene tydeligere. De fortalte historier om tidligere tider, om heltemot og kjærlighet, om tap og triumf. Eva lyttet intenst til hver hviskende tone, og hun visste at hun var nær ved å oppdage noe stort og viktig.

Plutselig, i et øyeblikk av klarhet, kunne Eva se et skimmer av noe som glitret i lyset. Hun tok et skritt nærmere muren og oppdaget et gammelt, rustent nøkkelhull som var skjult blant mose og løv. Hjertet hennes hamret i brystet mens hun prøvde å forestille seg hva som kunne være på den andre siden.

Med et brått dykk inn i hennes egen nysgjerrighet, bestemte Eva seg for å finne ut hva som lå bak muren. Hun visste at hun ikke kunne gjøre det alene, så hun vendte seg til sine venner i landsbyen for hjelp.

Sammen dannet de en liten gruppe av eventyrlystne sjeler som kalte seg "Vindeslettas Oppdagere". De samlet seg rundt muren med hver sin lommelykt og et hjerte fylt av spenning, klare til å utforske det som ventet på den andre siden.

Med et enstemmig sukk vendte de nøkkelen i nøkkelhullet og åpnet porten til det ukjente. Bak muren lå en forlatt hage, overgrodd av ville blomster og skjulte stier. Solens stråler danset gjennom bladverket, og vinden hvisket nye historier mens de gikk gjennom hagen.

Etter hvert som de utforsket, oppdaget de spor av en gammel bosetning som en gang hadde blomstret der. De fant gamle ruiner og forlatte bygninger, og de kunne nesten høre ekkoene av fortiden mens de vandret gjennom de stille gatene.

Men det var én ting som fanget alles oppmerksomhet - et gammelt tårn som steg opp mot himmelen midt i hagen. Tårnet hadde stått der i århundrer og hadde en aura av mystikk som omga det.

Eva og hennes venner bestemte seg for å utforske tårnet nærmere, og de klatret opp de smale trappene til toppen. Der, på toppen av verden, kunne de se utover landskapet og føle seg som herskere over alt de kunne se.

Men det var noe annet som ventet på dem på toppen av tårnet - en gammel bok som lå åpen på en steinbenk. Boken var full av skrevne ord, og da Eva bladde gjennom sidene, oppdaget hun at det var historiene som hadde blitt hvisket til dem gjennom vinden.

Historiene handlet om de som hadde levd før dem, om deres drømmer og håp, om kjærlighet og tap. Og midt blant historiene fant Eva en som handlet om henne selv - historien om en modig ung kvinne som hadde våget å følge sitt hjerte og utforske det ukjente.

Med den gamle boken som sin guide, fortsatte Eva og hennes venner sine eventyr gjennom Vindeslettas hemmeligheter. Og selv om vinden kunne blåse bort noen av historiene, ville de alltid leve videre i hjertene deres, hvisket til dem gjennom tid og rom.

# Whispers in the Wind

In the tranquil village of Vindesletta, surrounded by endless fields and rolling hills, lived a young woman named Eva. Eva was known among the villagers for her quiet nature and her burning desire for adventure. She spent her days wandering through the lush fields and listening to the whispering winds that swept through the trees.

One day, while Eva was out walking in the forest just outside the village, she heard something strange. It was as if the wind was whispering her name, and she could feel a sense of mystery enveloping her. Curious about the sound, Eva followed the whispering and came to an old stone wall hidden among the trees.

The stone wall had stood there for centuries, and no one knew anymore what its original purpose had been. But now, in the light of the sun shining through the foliage, it felt as if the wall had a secret to tell.

As Eva approached the wall, she could hear the whispers more clearly. They told stories of times past, of heroism and love, of loss and triumph. Eva listened intently to each whispering tone, and she knew that she was on the verge of discovering something great and important.

Suddenly, in a moment of clarity, Eva could see a glimmer of something sparkling in the light. She took a step closer to the wall and discovered an old, rusty keyhole hidden among moss and leaves. Her heart pounded in her chest as she tried to imagine what could be on the other side.

With a sudden dive into her own curiosity, Eva decided to find out what lay behind the wall. She knew she couldn't do it alone, so she turned to her friends in the village for help.

Together, they formed a small group of adventurous souls called "The Discoverers of Vindesletta." They gathered around the wall with their flashlights and hearts filled with excitement, ready to explore what awaited on the other side.

With a unanimous sigh, they turned the key in the keyhole and opened the gate to the unknown. Behind the wall lay an abandoned garden, overgrown with wildflowers and hidden paths. The sun's rays danced through the foliage, and the wind whispered new stories as they walked through the garden.

As they explored, they discovered traces of an old settlement that had once thrived there. They found ancient ruins and abandoned buildings, and they could almost hear the echoes of the past as they wandered through the quiet streets.

But there was one thing that caught everyone's attention - an old tower that rose towards the sky in the middle of the garden. The tower had stood there for centuries and had an aura of mystery surrounding it.

Eva and her friends decided to explore the tower further, and they climbed up the narrow stairs to the top. There, at the top of the world, they could look out over the landscape and feel like rulers over everything they could see.

But there was something else waiting for them at the top of the tower - an old book lying open on a stone bench. The book was full of written words, and as Eva flipped through the pages, she discovered that they were the stories that had been whispered to them through the wind.

The stories were about those who had lived before them, about their dreams and hopes, about love and loss. And amidst the stories, Eva found one about herself - the story of a brave young woman who had dared to follow her heart and explore the unknown.

With the old book as their guide, Eva and her friends continued their adventures through the secrets of Vindesletta. And although the wind could blow away some of the stories, they would always live on in their hearts, whispered to them through time and space.